AF371118

F. 5184.

F 4327. poste
G. 4

F...

TOUT EST DIT.

TOUT EST DIT.

LE complément de la Richeffe de l'État, fon dernier mot a paru fous le titre de DÉVE-LOPPEMENT, il en étoit temps; car ce pré-mier Ouvrage qui en a produit tant d'autres, étoit obfcurci par fes Critiques, ou défiguré par fes Commentateurs; TOUT EST DIT : On rend hommage à la vérité dans la feuille nou-velle, & les parties font prêtes à tranfiger; il n'eft queftion que de réunir fous un même point de vue tous les aveux, & de raffembler tous les faits fur lefquels on eft actuellement d'accord ; c'eft la feule façon de raifonner fo-lidement, & avec quelqu'efpérance de déci-der pertinemment la queftion qu'on a foumife au jugement du public : il ne faut plus que quel-ques momens d'attention pour fuivre des rai-fonnemens & des calculs très-abrégés.

On convient enfin dans le DÉVELOPPE-MENT, que l'impôt unique propofé dans LA RICHESSE DE L'ÉTAT, eft une Capitation réelle. On invoque même les Déclarations du Roi de 1695 & de 1701, pour fervir de bafe & d'affiette à l'impôt, PREMIERE VÉRITÉ. On convient encore que la répartition qui fe fait actuellement de la Capitation, eft auffi exacte qu'elle puiffe être; qu'elle n'eft point impofée arbitrairement par les Intendans; » & a qu'elle eft réglée (comme on l'a dit aux Au-

A ij

Pages 7 & 8 du Déve-loppe-ment.

4

Page 7 » teurs) dans les pays d'Etat par les Syndics
» & les Députés ordinaires ; que dans les pays
» d'Election , le Rôle de la Capitation des No-
» bles est dressé par un Gentilhomme choisi
» par le corps de la Noblesse ; & le Rôle des
» Taillables , par les Syndics & Collecteurs
» de chaque Paroisse ; qu'à Paris , les Cours
» supérieures s'imposent elles - mêmes , &
» imposent tout ce qui leur est subordonné ,
» & qu'il en est usé de même par les Compa-
» gnies subalternes ; enfin , que les Corps des
» Arts & Métiers se taxent eux-mêmes sous
» les yeux du Magistrat de Police ; & que le
» reste des habitans , simples Bourgeois , est
» taxé par le Prevôt des Marchands. S E-
» CONDE VÉRITÉ. «

Sur ce principe , on ajoute dans la nouvelle
feuille , que tous ceux qui payent actuellement , doivent continuer à payer l'impôt unique. » Mais on dit encore que les biens-fonds
» ne font pas la seule richesse de l'Etat qui
» doive contribuer à ses charges ; que les
» contrats de rente , les effets de commerce ,
» les PORTE-FEUILLES , les magasins , ce que
» nous fournit l'Etranger , les matieres pre-
» mieres , toutes les valeurs en un mot , réel-
» les ou fictives qui se trafiquent ou peuvent
» s'échanger avec de l'argent , doivent ser-
» vir à acquitter les dettes de l'Etat. TROI-
» SIÉME VÉRITÉ.

Pages.
Page 2.
Page 7. » D'où il suit , 1°. » Que la proportion à
» imposer sur chacun , peut varier suivant les

» différentes NUANCES DES FORTUNES.
» 2°. Que le montant de l'impofition doit fe
» régler fur les befoins de l'Etat ; & qu'en-
» fin c'eft dans les Rôles actuels qu'il faut
» chercher le nombre réel & effectif des con-
» tribuables. QUATRIÉME VÉRITÉ.

» La maffe totale de chaque rôle demeu- ^{Page 8}
» rera fixe & déterminée ; mais la diftribu- ^{du Dé-velop-}
» tion de cette impofition entre tous les con- ^{pement.}
» tribuables d'un même rôle , fera foumife à
» leur critique ; » c'eft-à-dire, que fi un rôle
porte en totalité cinq cent mille livres , la
répartition en fera faite proportionnellement
aux facultés de chaque contribuable du même
rôle. CINQUIÉME VÉRITÉ.

En portant à fept cent quarante millions l'im- ^{Page 5.}
pôt unique , » la Richeffe de l'Etat n'avoit
» prétendu que montrer dans toute fon éten-
» due l'immenfité de cette reffource , donner
» à connoître tout ce qu'on PEUT FAIRE ,
» mais qu'il n'eft pas prudent en ce genre de
» faire tout CE QU'ON PEUT. SIXIÉME
» VÉRITÉ.

En conféquence , & pour fe mettre à la ^{Page 6.}
portée de tout le monde , » le Développe-
» ment réduit à deux cent cinquante millions
» l'impôt de fept cent quarante millions du
» précédent tableau ; & la Capitation uni-
» verfelle de deux millions de chefs de famille
» ne devra plus fe monter qu'à deux cent
» huit millions.

Il eſt à propos de joindre à ces vérités reconnues par les Auteurs de la Richeſſe de l'Etat,
d'autres vérités inconteſtables, telles, par
exemple, que celles-ci.

L'IMPÔT GÉNÉRAL qui forme la recette de
tous les revenus du Roi, eſt de deux ſortes :
l'une que nous appellerons l'impôt forcé; c'eſt
la Taille, la Capitation, les Vingtiémes; il
faut les payer EN ARGENT, il faut avoir vendu ſes denrées, recouvré tout ce qui eſt dû,
liquidé tous les produits de ſon ſol, de ſon
travail & de ſon induſtrie pour l'acquitter; les
contribuables ſont contraints au payement de
cet impôt par des voyes de rigueur, le poids
en eſt aggravant pour les peuples : tout le
monde ſe récrie ſur la maniere dont ce genre
d'impôt eſt aſſis, & tout le monde convient de
l'impoſſibilité démòntrée de porter l'impôt forcé
au-delà de ce qu'il eſt aujourd'hui.

L'AUTRE ESPECE D'IMPÔT eſt, pour ainſi
dire, volontaire : il porte ſur les conſomma-
tions de tous les genres; il ſe paye par les contribuables inſenſiblement, au jour le jour, au
fur & à meſure de leurs beſoins, & ſuivant
que leur état, leur fortune, leur luxe, &
ſouvent leur fantaiſie, les détermine à y contribuer.

Une grande Ville, par exemple, paye cent
mille écus de Capitation ou d'impôt forcé, &
elle en paye peut-être autant en droits de con-
ſommation ſur les entrées de vin & de beſ-

tiaux, fur le fel, fur le tabac, &c. Mais il arrive que fes habitans trouvent la Capitation infupportable ; ils ne font occupés toute l'année qu'à préfenter des Requêtes pour obtenir la diminution de l'impôt forcé, de la taxe perfonnelle à laquelle chacun d'eux eft impofé : ils s'apperçoivent beaucoup moins de l'impôt fur les confommations, quoiqu'il foit auffi fort : on n'eft pas obligé d'avoir recours à des exécutions rigoureufes pour en faire la perception ; les Etrangers qui paffent dans cette Ville, ou qui viennent y féjourner, payent également tous ces droits : tels font les effets de l'impôt volontaire & de l'impôt forcé mis en oppofition : ces faits étant certains & ces vérités reconnues, examinons le nouveau plan.

Diminue-t-on la fomme de l'impofition, ou bien la répartit-on fur un plus grand nombre de Contribuables ? Non, la fomme eft la même; les rôles font les mêmes, tout eft égal. Il n'eft donc plus queftion que de la maniere de lever l'impôt unique & général.

La Richesse de l'État donne la préférence à la maniere fuivant laquelle on répartit & on léve actuellement l'impôt forcé; on veut rejetter fur lui la fomme que les peuples payoient infenfiblement pour l'impôt volontaire ; tout fe payera à l'avenir par cotte d'impofition : les Receveurs des Tailles & les Receveurs généraux des Finances feront tout le recouvrement ; & au lieu d'une fomme de cent millions à laquelle se monte actuellement l'impôt forcé en Taille, Capitation, Vingtiéme, Industrie, &c. on imposera sur les peuples deux cent huit millions. Cela est très-simple : venons à l'opération.

On donnera les ordres à tous ceux qui sont chargés actuellement de la confection des rôles, d'asseoir le nouvel impôt, suivant le rôle dernier arrêté, » & d'imposer chacun, PAR la » somme qu'il paye présentement, à la somme » qu'il devra payer à l'avenir «, mais sur une nouvelle combinaison de ses facultés universelles, même de celles qui ne font que passer par ses mains, & dont il payera l'impôt en proportion de ce qui sera arbitré qu'il peut lui en être resté : ainsi, l'on évaluera tous les effets de commerce que chacun peut avoir eu en ses mains dans le cours d'une année, pour estimer le profit qu'il aura pu faire en les échangeant ; on arbitrera les PORTE-FEUILLES, la quantité de marchandises qu'un Marchand a dans son magasin, on calculera ce qu'il en aura vendu tant au comptant qu'à crédit, ce qui lui en reste invendu & son profit net. On sçaura ce que l'Etranger aura fourni de matieres premieres dans le commerce intérieur, & le profit qu'il aura pu donner à son Commissionnaire, afin de le taxer ; les valeurs idéales & fictives seront réalisées figurativement, pour être soumises à l'impôt ; le profit du Financier, l'industrie de l'Ouvrier, le travail du Journalier, tout sera sujet à l'appréciation. Cette estimation arbitraire paroît être d'un détail immense ; mais il n'est

question

Page 7 du Développement.

queſtion que d'entendre le travail : pourſui-
vons.

La Déclaration de 1695 pour la Capitation,
avoit fait une diviſion de tous les Contribuables
en vingt-deux claſſes, ſuivant la qualité des per-
ſonnes : mais on ſentit bientôt le vice d'une
impoſition qui devenoit totalement inégale à
cauſe des facultés diſproportionnées des particuliers de la même claſſe ; la Déclaration de
1701 ordonna que la Capitation ſeroit répartie
par rôles ſuivant les facultés.

Ce n'eſt donc plus ſur la qualité des per-
ſonnes qu'il faut faire les claſſes, mais ſuivant
les facultés, comme le demande le DÉVELOP-
PEMENT ; c'eſt-à-dire, que tous les Cottiſés à
la même ſomme ou à peu près, ſeront de la
même claſſe : la choſe eſt faite par les rôles de
l'impôt forcé : ainſi les deſirs du DÉVELOPPE-
MENT ne demandent aucun nouveau travail,
puiſqu'il convient que c'eſt à ces rôles qu'il
faut s'en tenir. Nous ſommes donc d'accord de
ne pas faire de nouvelles claſſes, & TOUT EST
DIT A CET ÉGARD.

Il n'eſt eſt pas de même de l'opération né-
ceſſaire pour répartir les cent huit millions
qu'il faut augmenter ſur l'impôt forcé, lequel
ſe monte déjà à cent millions : nous nous ſommes donné la liberté de tout eſtimer arbitrairement convenons avec la Richeſſe de l'Etat,
que le meilleur travail poſſible eſt de ſoulager
les campagnes, & les plus mal-aiſés des Contribuables.

Dans ce principe, traitons favorablement tous les bas Cottifés au-deffous de deux cent livres, & ne leur faifons éprouver aucune augmentation du nouvel impôt de cent huit millions.

Combinons enfuite exactement les NUANCES de toutes les fortunes des hauts Cottifés; ils font environ le quart des Contribuables, & ils portent entr'eux au moins la moitié de l'impôt actuel & forcé de cent millions, ce qui fait cinquante millions : il faudra donc, en pefant toutes leurs facultés, faire porter à ces hauts Contribuables cent cinquante - huit millions, au lieu de cinquante qu'ils portent actuelle- ment. Par exemple, tel qui paye quatre cent livres de Taille, Capitation, Vingtiémes, &c., payera à l'avenir douze cent foixante livres de tout impôt, & ainfi des autres; ils peuvent dès à préfent fe juger.

Mais nous les entendons pouffer de grands cris : on leur répondra que c'eft pour le plus grand bien, pour foulager les campagnes, pour les délivrer des Aydes & Gabelles, en un mot de tous les droits incommodes qui fe perçoi- vent fur la confommation; on leur démontrera qu'en arbitrant leurs dépénfes, on a trouvé qu'aucun d'entre eux ne payoit moins du triple de leur impôt forcé, en acquittant infenfible- ment tous les droits de confommation : mais on aura beau raifonner avec eux, ils fe récrie- ront toujours fur la dureté d'une impofition ar- bitraire, forcée, fixe, déterminée, & qui fe montera, comme ils offriront de le prouver, fort au-delà de ce qu'ils font en état de payer.

En vain la plus grande partie de ces hauts Cottisés dira-t-elle, qu'elle ne possède pas, à beaucoup près, des biens-fonds & des immeubles en proportion de cette taxe ; on lui prouvera, suivant les maximes invariables que nous avons recueillies du DÉVELOPPEMENT (premiere & seconde Vérité,) qu'un talent quelconque, une ressource, une nouveauté, tout objet d'émulation, toute possession réelle ou imaginaire, pourvu qu'elle puisse s'évaluer dans l'opinion des hommes, ou s'échanger en argent, est sujette à l'impôt, à l'estimation arbitraire, qui en a été & due être faite; qu'ainsi ils sont justement imposés.

Enfin, on les assurera que, si cette estimation étoit faite avec exactitude, ils en devroient payer encore trois fois autant, suivant le tableau de sept cent quarante millions présenté dans la Richesse de l'Etat; qu'on ne la réduit à deux cent huit millions, que parce qu'il n'est pas PRUDENT EN CE GENRE DE FAIRE TOUT CE QU'ON PEUT ; ET qu'ainsi, loin de se plaindre, ils doivent se réjouir de la diminution qu'on leur a faite, des deux tiers de l'impôt qu'on auroit pu leur faire supporter : cela est conforme à la CINQUIEME VÉRITÉ.

Dans les hautes classes, les particuliers qui crieront le plus, seront ceux qui, quoique dans l'aisance, mais moins opulens que les mil-

lionnaires , diront : » Pourquoi nous faire
» payer deux fois en sus le montant de notre
» impôt forcé pour tenir lieu de tous autres
» droits ; nous qui en payant cent écus & qua-
» tre cent livres de Tailles, Vingtiémes, Ca-
» pitation , n'avons jamais payé douze cent
» livres ni quinze cent livres de droits de con-
» sommation ? Je prenois au grenier, dira l'un,
» deux minots de sel, sur lesquels l'impôt pou-
» voit être de cinquante livres , plus ou moins
» suivant la Province.)
» cy . . . . 50 liv.
» Le droit sur les boissons de toute ma
    » maison pouvoit aller à . . . 60
» Je prenois du tabac pour 60
» Je payois de Capitation, de Taille &
    » de Vingtiémes, en tout . . . 400
                            ———————

                         5 0 liv.

    » Tandis que tous les gens riches au-dessus
» de nous payoient en droit de consommation
» de toute espéce, pour eux & pour leur mai-
» son, pour le luxe de leur table, de leurs
» équipages, de leurs habillemens, & en im-
» pôts sur leurs biens, les uns quatre, d'au-
» tres six & jusqu'à vingt mille livres d'im-
» positions, pourquoi donc alléger leur far-
» deau pour nous faire succomber sous le poids
» dont on veut nous surcharger ? »

    On connoît les difficultés du recouvrement
ordinaire, & ce qu'il en coûte aux Contri-

buables eux-mêmes pour retirer cent millions de l'impôt forcé ; que sera-ce donc lorf-
qu'il faudra en retirer au moins le triple des
particuliers qui feront compris dans les claffes
des hauts Cottifés ? « Pourquoi , diront ils ,
» ne pas charger davantage les pauvres & ceux
» qui vivent dans la médiocrité ? Ne payent-
» ils pas à caufe de leur nombre & de leur tra-
» vail la plus groffe partie de l'impôt volon-
» taire ? Et ce n'eft pas pour eux la charge la
» plus pefante affurément. «

Allons , il faut céder , on le fent bien. Aban-
donnons l'idée de favorifer les bas Cottifés :
& puifque tout ce qui fe pratique actuellement en matiere d'impofition arbitraire eft
conforme à l'équité, qu'en un mot tout ce qui
eft à cet égard eft bien , contentons-nous de
doubler les cottes de tous les contribuables
indifféremment ; c'eft-à-dire, doublons la Taille , la Capitation , le Vingtiéme , l'Induftrie ;
& TOUT SERA DIT.

Mais la charge de cet impôt eft infupportable dans l'état préfent, comment donc parve-
nir à le doubler fur tous les contribuables ?
c'eft-là cependant où fe réduit le fyftème DE
LA RICHESSE DE L'ÉTAT ; le nombre des Cottifés doit refter le même, l'eftimation des biens
fur lefquels portent les impofitions eft faite
par les Contribuables eux mêmes ; & parce
qu'on fe plaint que les campagnes furchargées
voyent leurs champs ftériles , leurs villages
dépeuplés, leurs biens dévaftés comme s'ils
euffent été au pouvoir de l'ennemi, parce
qu'on attribue tous ces mots à l'exhorbitance

de l'impôt forcé à la taxe arbitraire, on propose pour tout reméde de la doubler, en supprimant, il eſt vrai, de l'impôt général, tout ce qui étoit inſenſible & volontaire, qui ſe payoit en partie par les grandes Villes, & même par les étrangers. On conviendra que ce n'étoit pas la peine de produire & de ſe faire imprimer (*).

C'eſt où finit la diſcuſſion des calculs de la nouvelle feuille du Développement & des moyens d'en faire uſage : il n'eſt plus queſtion que de relever quelques propoſitions ſingulieres ſemées dans cet Ecrit, parce qu'elles forment la baſe des ſophiſmes qui ont cours aujourd'hui. Cela ne ſera pas long.

Page 3 du Dévelopement.
” Qu'on ne ſe figure pas, dit l'Auteur du ” Développement, que le Roi ſoit mieux ” traité par ſes Fermiers, qu'un particulier l'eſt ” par les ſiens. Or, un particulier retire à pei- ” ne le tiers du produit réel de ſon bien, les ” deux autres tiers ſont conſommés par ſes ” Fermiers en avances ou en frais ; le Roi ” eſt traité de même : donc le produit net des ” revenus qui rentrent dans les coffres du Roi ” n'eſt que le tiers de ce qui ſe perçoit en ” ſon nom ſur ſes Sujets.

” Ainſi, puiſqu'il eſt conſtant que le Roi ” retire net deux cent cinquante millions, il

(*) On ne prétend pas ſoutenir qu'il n'y ait d'autres moyens de répartir l'impôt volontaire plus également, peut-être pour les campagnes & pour les villes ; mais ce n'eſt pas ici le lieu d'en traiter.

» faut tripler , & dire que les peuples payent
» sept cent cinquante millions , c'est-à dire
» cens millions de frais. «

Suivant cette proposition , les frais du recouvrement devroient se monter aux deux
tiers en sus de l'impôt : nous avons vu qu'il
est ou forcé ou volontaire. Les frais de l'impôt forcé sont connus ; quatre deniers pour
livre aux Collecteurs , quatre deniers aux Receveurs des Tailles , quatre deniers au Rece-
veur Général , ce qui fait un sol : qu'il y ait
un autre sol en attributions extraordinaires ,
gages de la Finance de charges ou avances ,
il n'y aura jamais au-delà de deux sols , qui
font dix pour cent. Supposant donc que l'impôt forcé se monte à cent millions , les deux
sols pour livre feroient dix millions , mais non
pas deux cent millions de frais de recouvrement pour les deux tiers en sus , que l'Auteur
du DÉVELOPPEMENT prétend qui sont imposés sur les peuples ; & dans cette partie , le
Roi seroit bien mieux servi que les particuliers , s'il est vrai qu'il en coûte à ceux - ci les
deux tiers en sus pour les frais d'avance & le
recouvrement de leurs revenus.

Mais de cinq cent millions que le Développement a passé pour ces frais , ôtant dix millions pour ceux de recouvrement de l'impôt
forcé , il reste quatre cent quatre - vingt - dix
millions que l'impôt volontaire doit coûter en
frais de perception. Or , toutes les parties de
l'impôt volontaire étant rassemblées , ne vont

pas à plus de cent quarante millions : suppo-
sons sur ce produit les profits du Fermier à
quinze pour cent, ce sera. . . 20 millions.

Les frais des Commis & de la
Régie à un somme pareille de. . 20

Les avances des Fermiers
Généraux, même des Actions
des Fermes, 132 millions à
six pour cent. 7
____
47 millions.

Il manqueroit encore pour
porter à 500 millions les frais
du recouvrement général. . . 453
____
TOTAL . . . . 500 millions.

Il suit de cette démonstration que si c'est
dans la vûe d'affranchir les peuples des frais
de recouvrement qu'on a voulu rejetter sur
l'impôt forcé tout ce qu'ils payent en impôt
volontaire, c'est pour un objet apparent de
quarante millions, & non de cinq cent millions d'économie.

Le nœud de ce sophisme est dans la com-
paraison des revenus du Roi avec les revenus des particuliers : ceux-ci sont tenus des frais
de culture, des réparations, & de l'impôt
lui-même qu'on veut doubler. Les revenus du
Roi ne peuvent en aucune façon s'y assimiler,
& ces deux natures de biens ne se ressemblent
pas.

pas. Il n'eſt donc pas vrai que s'il, en coûte aux particuliers les deux tiers de leur revenu brut pour en faire le recouvrement, il en coûte les deux tiers au Roi pour faire le ſien.

» Les Directeurs des Fermes, dit-on, les » Contrôleurs & les Receveurs comptent au » Fermier Général de ce que la Ferme exige » d'eux, &c. » Page 2 ... du Déve-loppe-ment.

Cela n'eſt pas clair ; la Ferme n'exige de ſes Commis que les produits plus ou moins forts de leur perception : il ſembleroit, ſuivant le DÉVELOPPEMENT, que les Fermiers ſoutrai-tent les parties de perception à leurs Commis, qui cachent aux Fermiers leurs profits indi-rects : ces profits ,dit-on , ſont les accommode-mens que les Directeurs font avec ceux qui ſont tombés dans quelque contravention ; plus, les frais ſUPPOSÉS qu'on leur fait payer, & qui n'entrent dans aucun compte, d'où l'on conclud » que les frais acceſſoires ſurpaſſent » le principal, & ſont les véritables ſurchar-» ges des peuples, ſurcharges qui ſe multi-» plient en raiſon de la multiplicité des droits » & impôts ».

Un peu plus de connoiſſance de ce qui ſe pratique à cet égard, ou des informations plus exactes, auroient épargné au DÉVELOPPE-MENT les frais de cette ſortie, & le ſophiſ-me où elle le conduit.

1°. Les Commis comptent de tout aux Fer-

miers ; & ils ne peuvent, fans être pour-
fuivis extraordinairement pour crime de vol,
cacher ni retenir aucune partie de leur recette.

2°. Les Commis comptent de même aux
Fermiers de tous les accommodemens que les
contraventions occafionnent, accommodemens
qui conviennent mieux fans doute aux con-
trevenans, que d'être traités fuivant la rigueur des Ordonnances ; accommodemens qui
fe font prefque toujours fuivant les ordres des
Fermiers, & en conféquence des avis du Di-
recteur.

Le Commis principal ne garde donc pas pour
lui le profit des accommodemens, & il ne peut
le garder, puifqu'il a pour furveillans les Commis qui ont furpris la contravention, ou les
Commis du même Bureau, qui donneroient
bientôt avis aux Fermiers d'une fi haute pré-
varication.

Quant aux frais, ils font ordinairement rem-
bourfés par celui qui a demandé & qui a fait
l'accommodement, ils fe bornent prefque toujours au procès-verbal qui a découvert la
fraude.

CONTRAINTE, PROCÈS-VERBAUX, SAI-
SIES, EXÉCUTIONS : on ne contraint pas
avant d'avoir verbalifé ; on verbalife, on fai-
fit, & l'on affigne le délinquant pour le faire
condamner à la confifcation & à l'amende,
au payement de laquelle il doit être contraint.

Ce font les inconvéniens connus dans toute perception de droits que la cupidité cherche à frauder. Mais en fe ré riant fur les formalités que la découverte de ces fraudes occafionne indifpenfablement, le DÉVELOPPEMENT n'a pas prétendu fans doute les excufer ; car la fraude eft auffi nuifible aux Sujets qui payent les droits de bonne foi, qu'au Fermier qui doit les percevoir : puifque celui qui fraude les droits fe procure un moyen de vendre fa denr e ou fa marchandife à meilleur marché, que celui qui paye les droits du Roi légitimement : il rompt par conféquent l'égalité du commerce, & il intervertit l'ordre de la Société. Cette fraude eft donc puniffable fuivant les Loix , mais il faut la conftater pour la punir : de là , les Procès-verbaux & les formalités légales contre lefquels on fe récrie fi hautement.

3°. Le DÉVELOPPEMENT affure que ces frais & ces faifies rendent l'exaction des droits infupportable , & furpaffent de beaucoup le principal des droits : d'où il fuivroit que tout le monde feroit la fraude, que perfonne ne payeroit les droits qu'après avoir été furpris en fraude, & après en avoir payé les frais , ou fait un accommodement pour la contravention. Mais, au contraire, la plus faine & la plus grande partie des confommateurs paye les droits de bonne foi ; ils fe plaignent même affez fouvent du défaut de févérité contre ceux qui fraudent les droits, ou qui fe difpenfent, fous différens prétextes, de les payer.

Les accommodemens & les frais des contraventions ne font donc pas des droits impofés fur les peuples ; ils ne furpaffent donc pas le montant de la perception ; ils ne font donc point faits par les Commis, & ne tournent à leur profit que quand les Fermiers le veulent bien. Enfin, fi les frais de la fraude font infupportables, ce n'eft donc que pour ceux qui la font, & qui en font punis ou par des accommodemens coûteux, ou par condamnation des tribunaux.

On ne relévera pas d'autres erreurs, ni tous les fophifmes qui font l'effence de ce petit Ouvrage ; le public inftruit les voit, & doit être bien las de tant d'Ecrits. Nous ne dirons qu'un mot en finiffant fur les Epiciers & les Apothicaires de Paris.

Page 4 du Développement.

" Qui payera, dit-on, DIX MILLIONS de " droits par année fur leurs marchandifes, in- " dépendamment des autres impofitions? " Mais les droits fur les marchandifes de toute efpéce, tant en entrant qu'en fortant du Royaume, y compris les droits qui fe payent dans l'intérieur en paffant par de certaines Provinces, n'excédent pas douze à quatorze millions : comment les Epiciers & les Apothicaires de Paris en payeroient-ils eux feuls dix millions ? C'eft un compte d'Apothicaire, & TOUT EST DIT.

F I N.